ICS 03.180
CCS A18

# 团 体 标 准

T/ISCLT 003—2023

## 国际中文教材评价标准

Evaluation Standard for International Chinese Language Textbooks

2023-12-08 发布      2023-12-08 实施

世界汉语教学学会    发 布

### 图书在版编目（CIP）数据

国际中文教材评价标准 / 世界汉语教学学会发布. —北京：北京大学出版社，2024.3
ISBN 978-7-301-34891-8

Ⅰ.①国⋯　Ⅱ.①世⋯　Ⅲ.①汉语–对外汉语教学–教材–评价标准　Ⅳ.① H195.3-34

中国国家版本馆 CIP 数据核字 (2024) 第 051219 号

| | |
|---|---|
| **书　　名** | 国际中文教材评价标准<br>GUOJI ZHONGWEN JIAOCAI PINGJIA BIAOZHUN |
| **著作责任者** | 世界汉语教学学会　发布 |
| **责任编辑** | 邓晓霞 |
| **标准书号** | ISBN 978-7-301-34891-8 |
| **出版发行** | 北京大学出版社 |
| **地　　址** | 北京市海淀区成府路 205 号　100871 |
| **网　　址** | http://www.pup.cn　　新浪微博：@ 北京大学出版社 |
| **电子邮箱** | zpup@pup.cn |
| **电　　话** | 邮购部 010-62752015　发行部 010-62750672　编辑部 010-62753334 |
| **印刷者** | 北京虎彩文化传播有限公司 |
| **经销者** | 新华书店<br>889 毫米 ×1194 毫米　16 开本　1.5 印张　34 千字<br>2024 年 3 月第 1 版　2024 年 3 月第 1 次印刷 |
| **定　　价** | 18.00 元 |

未经许可，不得以任何方式复制或抄袭本书之部分或全部内容。
**版权所有，侵权必究**
举报电话：010-62752024　电子邮箱：fd@pup.cn
图书如有印装质量问题，请与出版部联系，电话：010-62756370

# 目　次

前　言 / 1

引　言 / 1

**国际中文教材评价标准 / 1**

1　范围 / 1

2　规范性引用文件 / 1

3　术语和定义 / 1

4　基本理念 / 2

5　主要内容 / 3

6　实施建议 / 7

**附录A（规范性）　评价工具说明 / 12**

**附录B（资料性）　评价者个人基本信息表 / 13**

**附录C（资料性）　目标教材基本信息表 / 14**

**附录D（资料性）　评价指标释义和重点考察范围表 / 15**

# 前 言

本文件按照GB/T1.1—2020《标准化工作导则 第1部分：标准化文件的结构和起草规则》的规定起草。

本文件由教育部中外语言交流合作中心提出。

本文件由世界汉语教学学会归口。

本文件为首次发布。

本文件起草单位：北京语言大学、北京师范大学、北京大学、北京外国语大学、天津大学、天津师范大学、中国人民大学、华东师范大学、南开大学、南京大学、云南大学、中国传媒大学、华南师范大学、长城汉语中心、中国语文现代化学会汉语国际传播研究分会、世界汉语教学学会课程与教材专业委员会。

本文件起草人：马箭飞、宋永波、邵亦鹏、梁宇、宋继华、崔永华、李泉、祖晓梅、丁安琪、王佶旻、吕林海、张晓慧、马佳楠、李诺恩、金旋、宫雪、李晓露、吴晓文、史翠玲、于泓珊、司红霞、陈珺、陈晨、赵敏、呼丽娟。

# 引 言

为满足国际中文教育事业与学科发展的迫切需要,根据《中华人民共和国教育法》和《中华人民共和国著作权法》,在借鉴国内外第二语言教材评价标准的基础上,结合国际中文教育的特点,基于科学的研究方法,教育部中外语言交流合作中心与国内外多所高校、社会团体和企事业单位,联合制定了《国际中文教材评价标准》,旨在为国际中文教材编写、改进、甄选、使用、认证与推荐提供依据。本文件分为规范评价、定量评价、定性评价、附加评价四部分,共有价值取向、教学适用、内容编排、外观配置4个一级指标、20个二级指标和85个三级指标。以本文件为基础,"国际中文教材评价工具"包含4个一级指标、20个二级指标和60个三级指标,可用于实施具体的评价。

国际中文教材是指全球范围内以中文学习者为教学对象,以中文和中华文化为核心教学内容,以培养学习者中文交际能力和跨文化交际能力为主要教学目标的中文作为第二语言教学用书。本文件是对国际中文教材编写、使用等的基本要求,规范国际中文教材的建设方向,是基于教材审定标准、高于教材审定标准的倡议性标准。

# 国际中文教材评价标准

## 1 范围

本文件规定了评价国际中文教材的基本准则，包括术语和定义、核心理念、主要内容、实施建议等，确立了国际中文教材评价指标体系，描述了评价目标、对象、工具、方法、程序等。

本文件适用于国内外中文教学机构、中文教师、中文学习者甄选和使用教材；适用于国际中文教师优化教材使用策略，实现个性化的教学实践，促进教师专业能力发展；适用于引导研发机构、编写者、出版机构编写和改进教材，提高教材编写质量；适用于管理机构认证和推荐教材。

## 2 规范性引用文件

下列文件中的内容通过文中的规范性引用而构成本文件必不可少的条款。其中，注日期的引用文件，仅该日期对应的版本适用于本文件；不注日期的引用文件，其最新版本（包括所有的修改单）适用于本文件。

《中华人民共和国教育法》
《中华人民共和国著作权法》
《中华人民共和国国家通用语言文字法》
《图书质量管理规定》
《国际中文教育中文水平等级标准》（GF 0025—2021）
《国际汉语教学课程通用大纲》（2012年版）
《国际中文教育用中国文化和国情教学参考框架》（2021年版）

## 3 术语和定义

下列术语和定义适用于本文件。

**3.1 国际中文教育 International Chinese Language Education**

面向中文作为第二语言的学习者的教育。

**3.2 国际中文教材 International Chinese Language Textbooks**

全球范围内以中文学习者为教学对象，以中文和中华文化为核心教学内容，以培养学习者中文交际能力和跨文化交际能力为主要教学目标的中文作为第二语言教学用书。

**3.3 通用中文教材 Global Chinese Language Textbooks**

为适应多个国家或地区的中文学习者编写的国际中文教材。

**3.4 国别区域中文教材 National and Regional Chinese Language Textbooks**

为特定非目的语国家或地区的中文学习者编写的国际中文教材。

# 4 基本理念

**4.1 中外融通**

教材应坚守中文和中华文化的主体性，体现中国和中华民族的基本价值观，突出中文特点，提炼展示中华文化精髓。同时，应坚持人类共同价值观，注重世界文化的多样性，尊重各国法律法规、文化传统和教育理念，促进海外中文学习者对中国的认知、理解乃至认同。

**4.2 素养提升**

教材应立足学习者的全面发展。内容涵盖中文知识与技能、中华文化与中国当代国情、情感态度、语言学习策略和人类共同价值观塑造，促进学习者中文综合运用能力、跨文化交际能力、学习能力、国际理解能力的全面提升。

**4.3 教学适用**

教材应注重适用性，贴近教学实际情况，符合学习者的学习特点和文化背景，便于教师组织开展教学。同时，应遵循中文作为第二语言的教学规律，体现第二语言教学方法，提供清晰的第二语言教学思路，推动教学模式创新，提高教学效率。

**4.4 应用实践**

教材应强调语言文化知识和技能的综合运用，应为汉字、词汇、语法、课文提供恰当的语境，选择符合交际需要的主题和内容，加强文化的体验、比较和思辨，以丰富多样的实践活动贯穿教材的学习内容，强调活动的真实性、互动性、有效性、综合性和可操作性。

**4.5 科学规范**

教材应重视知识体系的科学性和规范化。语言知识体系以《国际中文教育中文水平等级标准》（GF 0025—2021）为依据，对应"三等九级"应掌握的音节、汉字、词汇、语法量化指标，确保教材中的语言规范，知识分布合理。文化知识体系以《国际中文教育用中国文化和国情教学参考框架》（2021年版）为依据，对应社会生活文化、传统文化、当代中国三大板块的文化项目，兼顾古今，立体呈现。教学内容安排应循序渐进，衔接紧密，难度合理上升。

**4.6 技术赋能**

教材应配备相应的数字化教学资源。教材的评价方式应借助智能技术手段，依据评价目标、对象、内容，创新评价过程与方法，构建专业、高效、综合的评价模型，实现客观、即时、精准评价。

# 5 主要内容

本文件由规范评价、定量评价、定性评价和附加评价四个部分构成（如图1）。

图1 国际中文教材评价结构

本文件包含价值取向、教学适用、内容编排、外观配置4个一级指标，20个二级指标，85个三级指标（如图2和表1—表4）。

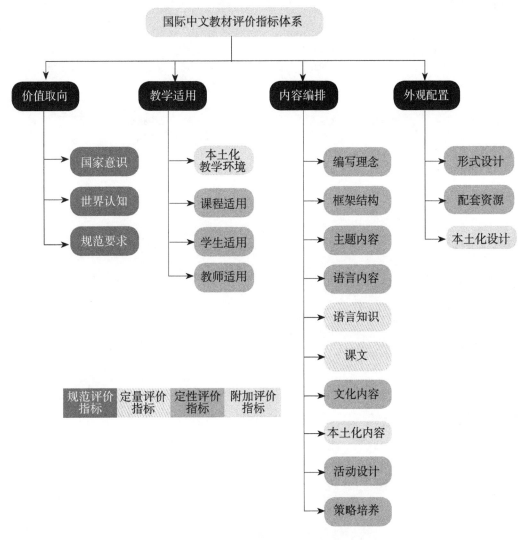

图2 国际中文教材评价指标体系

## 5.1 规范评价

规范评价是国际中文教材必须达到的要求。规范评价包括国家意识、世界认知和规范要求3个二级指标，6个三级指标。

表1 国际中文教材规范评价

| 一级指标 | 二级指标 | 三级指标 |
| --- | --- | --- |
| 价值取向 | 国家意识 | 1. 体现中国和中华民族的基本价值观。<br>2. 尊重各国法律法规。<br>3. 尊重各国主权和领土完整。 |
| | 世界认知 | 1. 尊重各国文化传统和风俗习惯。<br>2. 没有种族、地域等方面的歧视和偏见。 |
| | 规范要求 | 没有版权争议，不侵犯其他个人或组织的著作权。 |

## 5.2 定量评价

定量评价主要依据《国际中文教育中文水平等级标准》（GF 0025—2021）所确立的语言要素等级范围与级别，是对国际中文教材中的汉字、词汇、语法等的量化评价。定量评价包括语言知识和课文2个二级指标，10个三级指标。

表2 国际中文教材定量评价

| 一级指标 | 二级指标 | 三级指标 |
| --- | --- | --- |
| 内容编排 | 语言知识 | 1. 汉字等级分布。<br>2. 汉字编入比例。<br>3. 词汇等级分布。<br>4. 词汇编入比例。<br>5. 平均每课生词数。<br>6. 平均每课生词密度。<br>7. 生词的复现率。<br>8. 平均每课语法数。 |
| | 课文 | 1. 课文句子总数。<br>2. 课文平均句长。 |

## 5.3 定性评价

定性评价是对国际中文教材编写质量的非量化评价。定性评价包括课程适用、学生适用、教师适用、编写理念、框架结构、主题内容、语言内容、文化内容、活动设计、策略培养、形式设计、配套资源12个二级指标，59个三级指标。

表3 国际中文教材定性评价

| 一级指标 | 二级指标 | 三级指标 |
| --- | --- | --- |
| 教学适用 | 课程适用 | 1. 教学目标清晰明确，参考现行的课程标准或教学大纲。<br>2. 参考现行的课程标准或教学大纲确定教材内容。<br>3. 提供课时建议，课时安排合理。 |
| | 学生适用 | 1. 符合学生的中文水平，难易适中。<br>2. 符合学生的年龄和认知水平。<br>3. 符合学生的学习目标和需求。<br>4. 利于引发学生的兴趣。 |
| | 教师适用 | 1. 利于引导教师备课，便于教师使用。<br>2. 赋予教师灵活使用的空间。<br>3. 利于教师对教学效果进行评估。 |
| 内容编排 | 编写理念 | 1. 合理吸收并体现相关语言教学理论的研究成果。<br>2. 符合第二语言教与学的规律。<br>3. 教材整体或局部设计有创新、有特色，体现先进的编写理念。 |
| | 框架结构 | 1. 分册/单元/课合理，衔接顺畅。<br>2. 每单元/课中各个模块设计合理，相互联系。<br>3. 教学内容（包括语言知识、语言技能、文化等）布局合理，联系紧密，难度递增适度。 |
| | 主题内容 | 1. 主题/话题丰富多样。<br>2. 主题/话题积极向上，传递正能量。<br>3. 主题/话题富有时代感，具有当代意义。<br>4. 选择具有世界共性的主题/话题，如节日、交通、科技等。<br>5. 选择与现实生活或工作密切相关、符合学生真实交际需要的主题/话题。<br>6. 主题/话题编排由易到难，循序渐进，符合教学规律。 |
| | 语言内容 | 1. 语言素材丰富多样。<br>2. 语言规范、准确。<br>3. 语言真实、自然，具有交际性。<br>4. 为生词和语法提供了典型例句，必要时提供了上下文，使语境更明确。<br>5. 生词和语法的注释及（其）翻译简明准确，易于理解。<br>6. 重视语言知识与语言技能相结合。<br>7. 听、说、读、写、译各项技能训练比重合理。<br>8. 重视听、说、读、写、译各项技能的综合发展。 |
| | 文化内容 | 1. 包含中国社会与人民生活的文化内容。<br>2. 包含中国优秀传统的文化内容。<br>3. 包含当代中国国情的文化内容。<br>4. 包含与语言使用和交际相关的文化因素。<br>5. 文化内容的编排合理适度。<br>6. 文化内容的呈现方式自然恰当。<br>7. 文化内容古今兼顾，以今为主，说古以论今。<br>8. 文化呈现真实、客观，对己方文化不炫耀、不溢美，对他方文化不贬损、不排斥。 |

（续）

| 一级指标 | 二级指标 | 三级指标 |
| --- | --- | --- |
| | 活动设计 | 1. 活动/练习量充足，覆盖主要教学内容。<br>2. 活动/练习类型和形式丰富多样。<br>3. 活动/练习有利于学生有效地掌握所学内容。<br>4. 活动/练习能促进有意义的互动。<br>5. 提供综合运用中文技能的活动/练习。<br>6. 不同活动/练习之间层次清晰，具有内在联系。<br>7. 活动/练习目标明确。<br>8. 活动/练习提供真实或接近真实的情境。<br>9. 活动/练习指令清晰、简洁，可操作性强。<br>10. 活动/练习提供评估方式。 |
| | 策略培养 | 1. 学习内容能发展学生积极的学习态度，增强其学习动机。<br>2. 学习内容能增强学生的学习自信心，提升其学习成就感。<br>3. 提供主要的语言学习策略（如推测、联想、自评、查找资料等），帮助学生更好地掌握学习内容。<br>4. 提供积极的交际策略（如解释、更正、重复、澄清、请求等），帮助学生更好地完成交际任务。<br>5. 利于培养学生的自主学习能力。 |
| 外观配置 | 形式设计 | 1. 版式设计（如字体字号、中外文及拼音混排、布局等）清晰美观，具有功能性。<br>2. 插图与内容配合紧密，具有功能性。<br>3. 插图符合大众审美习惯，体现时代感和中国特色。 |
| | 配套资源 | 1. 根据教学需要，配有必要的辅助材料，如练习册、测试题、教师用书、字词卡片、挂图等。<br>2. 根据教学需要，配有必要的数字化教学资源，如课件、音视频、配套网站、APP等。<br>3. 配套资源与主教材之间联系紧密。 |

## 5.4 附加评价

如果评价对象是专门为非目的语国家或地区中文学习者编写的国别区域中文教材，需在规范评价、定量评价和定性评价之后进行附加评价。附加评价包括本土化教学环境、本土化内容、本土化设计3个二级指标，10个三级指标。

**表4 国际中文教材附加评价**

| 一级指标 | 二级指标 | 三级指标 |
| --- | --- | --- |
| 教学适用 | 本土化教学环境 | 1. 符合当地教育文化特点。<br>2. 符合当地主流外语教学理念。<br>3. 符合当地课程设置。 |
| 内容编排 | 本土化内容 | 1. 包含贴近当地生活的主题内容。<br>2. 体现当地学生在中文语言要素和技能方面的学习难点。<br>3. 通过与学生母语对比呈现和解释语法难点。<br>4. 融入体现当地文化的内容。<br>5. 体现中华文化和学生当地文化的异同。<br>6. 用当地语言注释，且准确、简洁、易懂。 |
| 外观配置 | 本土化设计 | 版式和插图设计体现当地文化特色。 |

## 6 实施建议

### 6.1 评价目标

6.1.1 帮助国内外中文教学机构、教师、学习者甄选教材。

6.1.2 支持国际中文教师优化教材使用策略，实现个性化的教学实践，促进教师专业能力的发展。

6.1.3 引导国际中文教材研发机构和编写者编写、改进教材，了解前沿的教学理论和编写方法，提高教材编写质量。

6.1.4 服务相关管理机构开展基于客观数据的国际中文教材认证与推荐。

### 6.2 评价对象

6.2.1 重点评价对象：国际中文综合教材，包括儿童、青少年和成人中文教材；来华留学生中文教材和国别区域中文教材；初级、中级、高级中文教材。

1）国际中文综合教材：以综合提高学习者中文交际能力和跨文化交际能力为主要教学目标，以中文和中华文化为核心教学内容，涵盖听、说、读、写、译五项语言技能，包括语音、汉字、词汇、语法四项语言要素的教材。

2）儿童中文教材：主要以5—12岁国际中文学习者为教学对象的教材。

3）青少年中文教材：主要以12—18岁国际中文学习者为教学对象的教材。

4）成人中文教材：主要以18岁以上国际中文学习者为教学对象的教材。

5）来华留学生中文教材：专门为来华留学生编写的中文教材。

6）国别区域中文教材：专门为非目的语国家或地区中文学习者编写的国际中文教材。

7）初级、中级、高级中文教材：分别参照《国际中文教育中文水平等级标准》初等、中等、高等学习内容编写的教材。

6.2.2 其他评价对象：其他类型中文教材，包括专项技能中文教材、专项要素中文教材。

1）专项技能中文教材：以提高中文学习者听、说、读、写、译五项语言技能中一项或多项技能为主要教学目标，以中文和中华文化为核心教学内容的教材，例如中文听力教材、中文听说教材、中文视听说教材等。

2）专项要素中文教材：以提高中文学习者语音、汉字、词汇、语法等语言要素中的一项或多项要素为主要教学目标，以中文和中华文化为核心教学内容的教材，例如汉字教材、中文语法教材等。

### 6.3 评价工具

国际中文教材评价工具由规范评价、定量评价、定性评价和附加评价四个部分构成，包含价值取向、教学适用、内容编排、外观配置4个一级指标，20个二级指标，60个三级指标（如表5—表8）。

## 第一部分：规范评价

**表5　国际中文教材规范评价**

| 一级指标 | 二级指标 | 三级指标 | 合格 | 不合格 |
|---|---|---|---|---|
| 价值取向 | 国家意识 | 1. 体现中国和中华民族的基本价值观。 | ○ | ○ |
| | | 2. 尊重各国法律法规。 | ○ | ○ |
| | | 3. 尊重各国主权和领土完整。 | ○ | ○ |
| | 世界认知 | 1. 尊重各国文化传统和风俗习惯。 | ○ | ○ |
| | | 2. 没有种族、地域等方面的歧视和偏见。 | ○ | ○ |
| | 规范要求 | 没有版权争议，不侵犯其他个人或组织的著作权。 | ○ | ○ |
| 总体 | | | ○ | ○ |

## 第二部分：定量评价

**表6　国际中文教材定量评价**

| 一级指标 | 二级指标 | 三级指标 | 合格 | 不合格 |
|---|---|---|---|---|
| 内容编排 | 语言知识 | 1. 汉字等级分布。 | ○ | ○ |
| | | 2. 汉字编入比例。 | ○ | ○ |
| | | 3. 词汇等级分布。 | ○ | ○ |
| | | 4. 词汇编入比例。 | ○ | ○ |
| | | 5. 平均每课生词数。 | ○ | ○ |
| | | 6. 平均每课生词密度。 | ○ | ○ |
| | | 7. 生词的复现率。 | ○ | ○ |
| | | 8. 平均每课语法数。 | ○ | ○ |
| | 课文 | 1. 课文句子总数。 | ○ | ○ |
| | | 2. 课文平均句长。 | ○ | ○ |
| 总体 | | | ○ | ○ |

## 第三部分：定性评价

**表7　国际中文教材定性评价**

| 一级指标 | 二级指标 | 三级指标 | 1 | 2 | 3 | 4 | 5 | NO |
|---|---|---|---|---|---|---|---|---|
| 教学适用 20% | 课程适用 6% | 1. 教学目标清晰明确，参考现行的课程标准或教学大纲确定教材内容。 | | | | | | |
| | | 2. 提供课时建议，课时安排合理。 | | | | | | |
| | 学生适用 10% | 1. 符合学生的中文水平，难易适中。 | | | | | | |
| | | 2. 符合学生的年龄和认知水平。 | | | | | | |
| | | 3. 符合学生的学习目标和需求。 | | | | | | |
| | | 4. 利于引发学生的兴趣。 | | | | | | |
| | 教师适用 4% | 1. 利于引导教师备课，便于教师使用。 | | | | | | |

(续)

| 一级指标 | 二级指标 | 三级指标 | 1 | 2 | 3 | 4 | 5 | NO |
|---|---|---|---|---|---|---|---|---|
| | | 2.赋予教师灵活使用的空间。 | | | | | | |
| | | 3.利于教师对教学效果进行评估。 | | | | | | |
| 内容编排 70% | 编写理念 10% | 1.合理吸收并体现相关语言教学理论的研究成果，并符合第二语言教与学的规律。 | | | | | | |
| | | 2.教材整体或局部设计有创新、有特色。 | | | | | | |
| | 框架结构 4% | 1.每单元/课中各个模块设计合理，相互联系。 | | | | | | |
| | | 2.教学内容（包括语言知识、语言技能、文化等）布局合理，联系紧密，难度递增适度。 | | | | | | |
| | 主题内容 16% | 1.主题/话题丰富多样，符合学生真实交际的需要。 | | | | | | |
| | | 2.主题/话题编排由易到难，循序渐进，符合教学规律。 | | | | | | |
| | 语言内容 16% | 1.语言规范、准确。 | | | | | | |
| | | 2.语言真实、自然，具有交际性。 | | | | | | |
| | | 3.为生词和语法提供了典型例句，必要时提供了上下文，使语境更明确。 | | | | | | |
| | | 4.生词和语法的注释及（其）翻译简明准确，易于理解。 | | | | | | |
| | | 5.听、说、读、写、译各项技能训练比重合理。 | | | | | | |
| | 文化内容 10% | 1.包含中国社会与人民生活的文化内容。 | | | | | | |
| | | 2.包含中国优秀传统的文化内容。 | | | | | | |
| | | 3.包含当代中国国情的文化内容。 | | | | | | |
| | | 4.包含与语言使用和交际相关的文化因素。 | | | | | | |
| | | 5.文化内容的编排合理适度，呈现方式自然恰当。 | | | | | | |
| | 活动设计 10% | 1.活动/练习的类型和形式丰富多样。 | | | | | | |
| | | 2.活动/练习有利于学生有效地掌握所学内容。 | | | | | | |
| | | 3.活动/练习能促进有意义的互动。 | | | | | | |
| | | 4.提供综合运用中文技能的活动/练习。 | | | | | | |
| | | 5.活动/练习目标明确。 | | | | | | |
| | | 6.活动/练习指令清晰、简洁，可操作性强。 | | | | | | |
| | 策略培养 4% | 1.提供主要的语言学习策略（如推测、联想、自评、查找资料等），帮助学生更好地掌握学习内容。 | | | | | | |
| | | 2.提供积极的交际策略（如解释、更正、重复、澄清、请求等），帮助学生更好地完成交际任务。 | | | | | | |

(续)

| 一级指标 | 二级指标 | 三级指标 | 1 | 2 | 3 | 4 | 5 | NO |
|---|---|---|---|---|---|---|---|---|
| 外观配置 10% | 形式设计 5% | 1. 版式设计（如字体字号、中外文及拼音混排、布局等）清晰美观，具有功能性。 | | | | | | |
| | | 2. 插图与内容配合紧密，体现时代感和中国特色。 | | | | | | |
| | 配套资源 5% | 1. 根据教学需要，配有必要的辅助材料，如练习册、测试题、教师用书、字词卡片、挂图等。 | | | | | | |
| | | 2. 根据教学需要，配有必要的数字化教学资源，如课件、音视频、配套网站、APP等。 | | | | | | |
| 100% | 100% | 得分 | | | | | | |

### 第四部分：附加评价

表8 国际中文教材附加评价

| 一级指标 | 二级指标 | 三级指标 | 1 | 2 | 3 | 4 | 5 | NO |
|---|---|---|---|---|---|---|---|---|
| 教学适用 20% | 本土化教学环境 20% | 1. 符合当地主流外语教学理念。 | | | | | | |
| | | 2. 符合当地课程设置。 | | | | | | |
| 内容编排 70% | 本土化内容 70% | 1. 包含贴近当地生活的主题内容。 | | | | | | |
| | | 2. 体现当地学生在中文语言要素和技能方面的学习难点。 | | | | | | |
| | | 3. 融入当地文化的内容。 | | | | | | |
| | | 4. 用当地语言注释，且准确、简洁、易懂。 | | | | | | |
| 外观配置 10% | 本土化设计 10% | 版式和插图设计体现当地文化特色。 | | | | | | |
| 100% | 100% | 得分 | | | | | | |

## 6.4 评价方法

6.4.1 多元主体评价：本评价适用于专家评价、同行评价、教材编写者评价、教材使用者评价、教材研究者评价等。

6.4.2 机器评价：本评价在"国际中文教材动态评价系统"（https://evaluation.chineseplus.net/）上按步骤进行。

6.4.3 主客观相结合评价：定量评价部分由系统自动完成，规范评价、定性评价和附加评价则采用系统辅助下的人工评价方式。

6.4.4 循证评价：评价者需要在规范评价、定性评价和附加评价部分提供评分的证据。

6.4.5 诊断评价：评价结束后，系统将自动生成教材评价报告，报告内容包括教材的评价总分值、每个维度的评价分值、具体情况、修改建议等。

6.5 评价程序

评价在"国际中文教材动态评价系统"（https://evaluation.chineseplus.net/）上进行，主要包括如下步骤（如图3）。

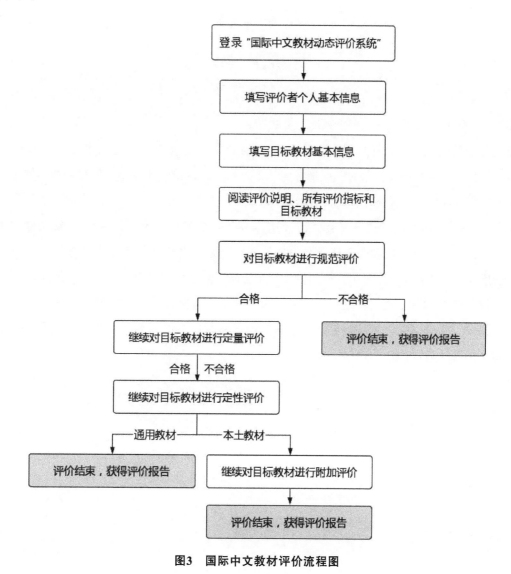

图3 国际中文教材评价流程图

# 附录A
# （规范性）
# 评价工具说明

评价在"国际中文教材动态评价系统"上进行。

规范评价是国际中文教材必须达到的要求，包括3个二级指标，6个三级指标。规范评价只有"合格"和"不合格"两个选项，若有一项指标为"不合格"，评价就此终止，教材将被判定为"未达到标准"。若上述指标均为"合格"，评价继续进行。

定量评价是对国际中文教材中的汉字、词汇、语法等的量化评价，包括2个二级指标，10个三级指标。定量评价由"国际中文教材动态评价系统"自动判定。若指标数值在参考区间内，该指标为"合格"，若指标数值不在参考区间内，该指标为"不合格"。系统完成定量分析后，评价继续进行。

定性评价是对国际中文教材编写质量的非量化评价，包括12个二级指标，37个三级指标。每个指标按1—5评分，1=非常差，2=比较差，3=一般，4=比较好，5=非常好。若指标不适合评价目标教材，可选择NO。若目标教材为通用中文教材，评价就此终止。若目标教材为国别区域中文教材，评价继续进行。

# 附录B
# （资料性）
# 评价者个人基本信息表

| 姓名 | | 现任职机构 | | |
|---|---|---|---|---|
| 教龄 | | 海外教学年限 | | |
| 专业技术职称 | | 最高学历 | | |
| 教材编写经验 | A特别丰富 | B比较丰富 | C有少量经验 | D完全没有 |
| | | | | |
| 教材研究经验 | A特别丰富 | B比较丰富 | C有少量经验 | D完全没有 |
| | | | | |
| 对目标教材的熟悉程度 | A特别熟悉 | B比较熟悉 | C不太熟悉 | D完全没有 |
| | | | | |

# 附录C
## （资料性）
## 目标教材基本信息表

| 教材名称 | | 提供机构 | |
|---|---|---|---|
| 编者 | | 版次 | |
| 出版机构 | | 出版年月 | |
| 适用对象 | | 适用水平 | |
| 课数 | | 语种 | |
| 其他信息 | | | |

# 附录D
# （资料性）
# 评价指标释义和重点考察范围表

| 部分 | | 指标释义 | 重点考察范围 |
|---|---|---|---|
| 规范评价 | | （1）国家意识：对国家政治、法律、安全、形象等方面的态度、情感、认知和价值认同。<br>（2）中国和中华民族基本价值观：既包括社会主义核心价值观，又包括几千年历史中形成的中华优秀传统价值观。<br>（3）世界认知：对全人类共同价值观和世界文化多样性的理解和态度。<br>（4）著作权：也称版权，是作者或组织依照法律的规定对其创作的文学、艺术和科学作品所享有的民事权利。 | 前言、使用说明、目录、课文、活动/练习、插图、地图 |
| 定量评价 | | （1）汉字等级分布：该等级（不含以下）未去重总字数÷整本教材未去重总字数。<br>（2）汉字编入比例：该等级（含以下）去重后总字数÷标准中该等级总字数。<br>（3）词汇等级分布：该等级（不含以下）未去重总词数÷整本教材未去重总词数。<br>（4）词汇编入比例：该等级（含以下）去重后总词数÷标准中该等级总词数。<br>（5）平均每课生词数：教材总生词数÷教材总课数。<br>（6）平均每课生词密度：每课生词密度总和÷教材总课数，其中，每课生词密度=每课课文生词数÷每课课文总词数。<br>（7）生词的复现率：生词在教材所有课文中重复出现的次数。<br>（8）平均每课语法数：教材总语法数÷教材总课数。<br>（9）课文句子总数：以"。！？"切分句子，每篇课文的总句数。<br>（10）课文平均句长：以"。！？"切分句子，每篇课文的整篇字数÷整篇句数。 | 课文、汉字表、词汇表、语法注释表 |
| 定性评价 | 教学适用 | （1）适用：符合要求，适合使用。<br>（2）教学目标：师生预期达到的教学结果。<br>（3）课程标准：由国家教育主管部门制定并颁布的、规定了学校一定阶段课程的基本规范和质量标准，是国家课程的基本纲领性文件。<br>（4）教学大纲：根据教学计划、以纲要形式制定的、对具体课程的教学目的、教学内容、教学进度和教学方法进行规范的指导性文件。教学大纲可以是国家教育主管部门颁布的文件，等同于课程标准，也可以是学区或学校自行制定的规范文件。 | 前言、使用说明、每单元/课前端的教学目标、每单元/课末端的评估或自测、正课内容 |

（续）

| 部分 | | 指标释义 | 重点考察范围 |
|---|---|---|---|
| 内容编排 | | （1）编写理念：指教材内容选择和编排所遵循的基本思想、基本理论和基本原则。<br>（2）语言教学理论：有关语言教学的理论基础、教学原则、教学模式、教学方法等。<br>（3）第二语言教与学规律：由第二语言教学规律、第二语言习得规律和一般教育教学规律共同构成。<br>（4）模块：教材中每单元或每课的各个组成部分，如热身、词汇学习、对话、活动、文化等，每单元或每课各个模块的安排基本是稳定的。<br>（5）语境：利用图示、词汇搭配、典型例句等方式，为学生提供真实的语言运用情境。<br>（6）社会生活文化：中国人的日常生活、行为习俗和观念态度等。<br>（7）优秀传统文化：中国悠久的历史、物质和非物质文化遗产、文明成就、中外文化交流、对世界文明的贡献等。<br>（8）当代国情文化：中国当代的地理、人口、民族等基本国情，政治、经济、社保、教育等社会制度，国家的发展成就、治国方略、对外关系和政策等。<br>（9）语言交际文化：两种不同文化背景的人进行交际时，隐含于词汇、语法、语义、语用等系统中，直接影响信息准确传递的语言和非语言的文化因素。<br>（10）有意义的互动：具有真实性、交际性的语言交流。<br>（11）活动指令：引导师生开展教学活动的解释性话语。<br>（12）策略：为提高学生学习效率而采取的具体方法或技巧，通常包括记忆策略、认知策略、补偿策略、元认知策略、情感策略、交际策略等。<br>（13）交际策略：学生通过与他人之间的互动，达到语言学习、理解目的语的文化的目的，如主动提问、请求对方进一步澄清、与目的语使用者交谈、探究目的语的文化与社会规范等。 | 前言、使用说明、目录、正课体例、正课内容、预习/复习课内容 |
| 外观配置 | | （1）形式设计：包括开本大小、封面设计、版式设计、插图绘制选配等。<br>（2）版式：在页面中图文的编排要求，包括空间位置和尺寸等。<br>（3）配套资源：包括纸介质、多媒体、数字化的教学配套资源等。 | 封面、前言、使用说明、插图、字体、字号、字色、中外文和拼音、图文布局 |
| 附加评价 | | （1）本土化教学环境：包括当地的教育文化特点、外语教育文化特点和对中文的认知和态度，所在学校的教育文化特点、外语教育文化特点、中文教学的学科地位和中文教学设施等。<br>（2）当地主流外语教学理念：当地主要采用的外语教学方法和教学手段。<br>（3）课程设置：根据当地外语培养目标，对当地中文课程的教学内容、教学顺序以及教学进度等的确定和安排。 | 封面、前言、使用说明、目录、词汇表、课文、活动/练习、文化模块、外文注释、插图 |